カナヘイの小動物 ゆるっと♡まいにち英会話

はじめに

はじめまして、イラストやマンガを描いている、カナヘイと申します。
たくさんある英会話の本の中から、この一冊を手にとってくださり、誠にありがとうございます！

なんとこの本は、英語の勉強ができるスタイルとしては2冊目！
LINEスタンプのイラストを見て、その行動や表情を英語にするといったいどんな言葉になるのか。短くて、言いやすく、海外の方によく伝わる英語を今回もリサ先生が教えてくださいます。

中学校でならったカンタンな英語でも、いざ海外の方と話す場面となるとなかなか出てこないものです。

この本では日常のなにげない場面がたくさん出てきます。イラストの動きや表情をまず見ることで、それにふさわしい英語表現を、ゆるっと学んでみてください。

それではリサ先生にバトンタッチ。

バトンをありがとう、カナヘイさん。

Hello! 皆さんお元気ですか？カナヘイさんの大ファンのリサ・ヴォートです。

"ゆるっと英会話"の第2弾が完成しました。カナヘイさんが描いたイラストを使って皆さんに紹介したい英語表現は、前作の1冊だけでは紹介しきれませんでした。かわいくて、表情豊かで、チャーミングなイラストの数々と一緒に、実際によく使う英語をご紹介していきます！

アメリカの子どもたちは、最初はパパやママ、ジイジやバアバといった周りにいる人の動きから英語を学びとります。カナヘイさんのイラストが、そうしたひと目でわかるシチュエーションや言葉のニュアンスをていねいに示してくれるので、英会話の学習にぴったりなのです。

この本には音声も付いています。アニメ声の"かわいい声"で収録（日本語→英語の順に流れます）。アニメ番組のワンシーンを聞いているみたいに、発音からしっかり英会話の基本が身につけられますので、ぜひダウンロードして、ご活用ください。

カナヘイ　リサ・ヴォート
Kanahei　Lisa Vogt

HOW TO

本書の使い方

ステップ1
絵にある日本語は、英語ではなんと言うでしょう。

ステップ2
英語ではこのように言います。
- 🔊マークは発音です。強く言うところを大きくしています。
- ㊟カタカナ表記は多少音が異なります。

ステップ3
英語フレーズについて、詳しく解説しています。どんなふうに使えばいいのか、しっかり理解しましょう。

音声ファイルダウンロードの手順

①パソコンからインターネットで専用サイトにアクセス

Jリサーチ出版のホームページから『カナヘイの小動物 ゆるっとまいにち英会話』の表紙画像を探してクリックしていただくか、下記の URL を入力してください。

URL http://www.jresearch.co.jp/isbn978-4-86392-295-2/

②【音声ダウンロード】というアイコンをクリック

単語のところの略式記号

動 動詞　　**形** 形容詞　　**副** 副詞
代 代名詞　**名** 名詞　　　**助** 助動詞
前 前置詞　**間** 間投詞

ステップ4
会話文でも使い方をチェックしておきましょう。

ステップ5
音声のトラック番号です。見出し語と会話文の両方とも、日本語→英語の順で音声を収録しています。耳で発音をしっかりチェックしておきましょう。

ステップ6
会話文で出てきた英単語の意味がチェックできます。

What now?
[ワッナウ]

【こんどは何?】

なにやらピスケがドヤ顔していますね。「こんどは何があったの?」って聞いてあげるとき、この表現をよく使います。日本語では「こんど」ですが、ドヤ顔している「今」を表す言葉なので、now を使います。

サクサク使える 使い方

What now?
こんどは何よ?

I won the video game again.
TVゲームでまた勝っちゃった。

単語
won 動 win(勝つ)の過去形

---

③ファイルを選択し、ダウンロード開始
④ファイルの解凍、再生
　音声ファイルは「ZIP形式」に圧縮された形でダウンロードされます。圧縮を解凍し、デジタルオーディオ機器でご利用ください。

※ご注意を!
音声ファイルの形式は「MP3」です。再生には MP3ファイルを再生できる機器が必要です。ご使用の機器等に関するご質問は、使用機器のメーカーにお願い致します。また、本サービスは予告なく終了されることがあります。

タブレット端末、スマートフォンの場合はあらかじめ「ZIP 解凍」ソフトを入手しておく必要があります。

CHARACTERS

LINEスタンプでも人気のカナヘイの小動物キャラが登場

小動物と女の子

のほほん系女の子と、あちらこちらでピャッと現れる小動物

ピスケ&うさぎ

おちゃらけ小動物うさぎと生真面目な鳥ピスケ。

敬語うさぎ

ゆるい敬語で日々がんばっているうさぎ。

CONTENTS

あんなとき・こんなときのゆるっと英会話

Chapter 1 日常のひとこま……17

- ひとつ、いる？ 18
- こんどは何？ 19
- どうもありがとう 20
- 来たよ 21
- ぜんぜんわからない… 22
- ちょっとごめんよ 23
- 一緒に帰ろう！ 24
- くすぐったい 25
- おなかへった 26
- じーッと見てます 27
- いーじゃん 28
- ひそひそ話す 29
- くるしい 30
- これくらい 31
- こーんくらい 32
- ス…どうぞ 33
- そんなとこ!! 34
- 半分ぬれてます… 35
- 少々おまちを 36
- 何を見ようかなー 37
- 夜が明けた！ 38
- 雪が降ってきた！ 39
- おりゃ 40
- おなかいっぱい 41
- 出られない… 42
- ちょうどいい湯加減です 43
- えーと、えーと 44
- そっちに行きたいけど、行けない… 45
- へった？ 46
- おしゃれに決めてくよ 47
- なんて書こうかなー 48
- 大きくなったねー 49
- 今日は気分がいいな〜 50
- おいてかないでー 51
- あと5分… 52
- 久しぶりー 53
- ノリノリで踊ろう！ 54
- よくかき混ぜてね 55
- ケータイ直った？ 56
- いっちょやるか！ 57
- なにこれ？ 58
- 奮発したけど大満足！ 59
- ワーイ！ 60
- だれかいませんかー？ 61
- 肩こった 62
- できません 63
- なんでやねん！ 64
- 割ってしまった… 65
- Coffee Break I forgot to save 66

Chapter 2 キモチと態度………69

- ばかじゃないの！ 70
- 怒らないで 71
- 気にするなよ 72
- わるかったよ 73
- ですよねー 74
- そうなんですよ〜 75
- あれっ 76
- いい気持ち 77
- ヨッシャ！ 78
- なんにもしたくなーい 79
- ご機嫌だね 80
- 本物がほしい 81
- シュン… 82
- 素晴らしい 83
- そわそわしています 84

ざんねんでしたー	85
おもしろーい！	86
やったね！おめでとう！	87
がんばれー	88
だーい好き！	89
わあ…	90
うわあ…	91
ちぇっ	92
そ、それは…	93
きっと、できると思います…	94
感激しました！	95
たぶん…	96
しめしめ	97
びっくりした！	98
アハハ、君、おもしろーい！	99
わかってないなー	100
てれる〜	101
Coffee Break　Show the way	102

Chapter3　はげしい感情……105

ほれた！	106
キョエー！	107
やばいやばいやばい	108
あいつめ！	109
おろおろ	110
恋、しちゃいました！	111
痛っ！	112
ひぃっ	113
これ買ってー！	114
ふんだりけったり！	115
くやしい…！	116
こらっ、行儀がわるいよ！	117
笑いすぎておなか痛い	118
ゆるすまじ…	119
終わった…	120
あぶないところだった	121
そこにいるのはだれだ!!	122
次はぜったいまけない…!!	123
うっそー!!	124
も〜おこった!!	125
Coffee Break　Text me	126

Chapter4　ホッとひといき…129

ふ〜、よかった	130
いい子だねー	131
神様ありがとー	132
そんな日もありますよ	133
かんぱーい！	134
ボリ、ボリ	135
おしあわせにー！	136
決まりだね！	137
Coffee Break　Yummy	138

Chapter5　ちょっとトラブル…141

へ？	142
たじろぐ	143
もしや、ゆれてる？	144
逃げろ！	145
ちょっと気分が…	146
なんということでしょう…	147
えっ？えっえっえっ？	148
動くな！	149
もう…ダメだ	150
この先どうするか…	151
頭が痛いです	152
めちゃくちゃ恥ずかしい…	153
Coffee Break　Happy Birthday	154

INDEX

絵から引ける　さくいん

あ行

【あいつめ！】	He will pay for this.	109
【頭が痛いです】	My head hurts.	152
【あと5分…】	Five more minutes.	52
【アハハ、君、おもしろーい！】	Ha ha! You're funny.	99
【あぶないところだった】	That was close.	121
【あれっ】	Whoops!	76
【いーじゃん】	Sweet!	28
【いい子だねー】	You're an angel.	131
【痛っ！】	Ouch!	112
【一緒に帰ろう！】	Let's go home!	24
【いっちょやるか！】	Well, here goes!	57
【いい気持ち】	Heavenly.	77
【うっそー!!!】	Are you serious?	124
【うわあ】	My goodness.	91
【動くな！】	Freeze!	149
【えーと】	Umm, let's see…	44
【えっ？えっ、え、え？】	What? I don't get it!	148

[おいてかないでー]	Don't leave me. 51	
[大きくなったねー]	You've grown. 49	
[怒らないで]	Don't be angry. 71	
[おしあわせにー!]	Best wishes! 136	
[おしゃれに決めてくよ]	I need to look good. 47	
[おもしろーい!]	That's hilarious! 86	
[おりゃ]	Make me. 40	
[おろおろ]	My, my! What to do? 110	
[終わった…]	It's over. 120	
[おなかいっぱい]	I'm stuffed. 41	

I'm hungry. 26

か行

I need a massage. 62 [肩こった]

Thank you, God. 132 [神様ありがとー]

I was impressed! 95 [感激しました!]

Cheers! 134 [かんぱーい!]

Good luck! 88 [がんばれー]

I'm here! 21 [来たよ。]

I guess… I'll somehow… manage. 94 [きっと、できると思います…]

There, there. 72 [気にするなよ]

	It's a deal! ⋯ 137		What do I do next? 151
	I feel good. ⋯ 50		Where are your manners? ⋯ 117
	Eek! ⋯ 107		It's about this small. ⋯ 31
	This sucks. ⋯ 116		I want this now! ⋯ 114
	That tickles! ⋯ 25		What now? ⋯ 19
	I can't breathe. ⋯ 30		

さ行

	Does your phone work now? ⋯ 56		Hardy-har-har! Too bad. ⋯ 85
	It's love! ⋯ 111		We're staring at it. ⋯ 27
	It's about this big. ⋯ 32		This is perfect. ⋯ 97
	You're in a good mood. ⋯ 80		I'm feeling dejected. ⋯ 82

Just a moment.	36
Awesome.	83
I don't get it…	22
Well, that… uh…	93
You are so right.	75
I want to go there but I can't.	45
I'm so excited.	84
That sums it up!	34
It was just one of those days.	133
Who's there?	122

た行

You're my better half.	89
You're making me wince.	143
It should… be… fine.	96
Is anybody here?	61
Darn it.	92
The temperature is just right.	43
You'll have to excuse me.	23
I'm fainting.	146
Next time I'm not losing.	123

No way, but thanks. ... 101

I can't, sorry. ... 63

I know what you mean. ... 74

I can't get out. ... 42

Here you are. ... 33

I appreciate it. ... 20

な行

What have we here? ... 58

What to watch... ... 37

Oh, come on! ... 64

What to write… ... 48

Oh, my gosh... ... 147

I'm feeling lazy. ... 79

Get out of here! ... 145

Dance till you drop! ... 54

は行

How crazy! ... 70

I'm half wet. ... 35

Yikes! ... 113

It's been too long. ... 53

[ひそひそ話す]	Whisper. ···· 29	 [本物がほしい]	I want the real thing. ··· 81	
[びっくりした!]	Holy cow! ···· 98		**ま行**	
[ひとつ、いる?]	Want one? ···· 18	[めちゃくちゃ恥ずかしい…]	I'm so embarrassed! ···················· 153	
[ふ〜、よかった]	What a relief. ···· 130	 [も〜おこった!!]	Enough is enough. ···· 125	
[ふんだりけったり!]	Adding insult to injury. ···················· 115	 [もう…ダメだ]	I'm desperate. ···· 150	
[豪遊したけど大満足!]	Worth every penny! ···· 59	 [もしや、ゆれてる?]	A tremor? ···· 144	
[へ?]	What? ···· 142		**や行**	
[へった?]	Any difference? ···· 46	 [やったね!おめでとう]	Yippee! You did it! ···· 87	
[ボリボリ]	Crunch, crunch. ···· 135	 [やばいやばいやばい]	Oh, no no no no! ···· 108	
[ほれた!]	I'm in love! ···· 106	[ゆるすまじ…]	Over my dead body. ···················· 119	

 It's starting to snow! ⋯ 39

 Mix it well. ⋯ 55

 Way to go! ⋯ 78

 It's a new day! ⋯ 38

わ行

 Oh, my. ⋯ 90

 Yippee! ⋯ 60

 No, that's not it. ⋯ 100

 I was wrong. ⋯ 73

 They broke. ⋯ 65

 My stomach hurts from laughing so hard! ⋯ 118

Chapter 1
日常のひとこま

日常的に使う英語表現なのに、なかなか言いたいことが英語で出てこない！そんな英語表現を集めました。イラストがあればすぐに覚えられます。

Want one?
🔊 [ウォンワン]

【ひとつ、いる?】

「欲しい」と言うときは、wantの出番です。「何か不足しているものが欲しい」ときはwant、「何かを強く望む」ときはdesireを使うときもあります。

サクサク使える 使い方

単語
want 動 ほしい

Want one?
ひとつ、いる?

Please.
ほじぃー。

What now?

[ワッナウ]

TRACK2

【こんどは何?】

なにやらピスケがドヤ顔していますね。「こんどは何があったの?」って聞いてあげるとき、この表現をよく使います。日本語では「こんど」ですが、ドヤ顔している「今」を表す言葉なので、nowを使います。

サクサク使える 使い方

What now?
こんどは何よ?

I won the video game again.
TVゲームでまた勝っちゃった。

単語
won 動 win（勝つ）の過去形

I appreciate it.
[アイアプリィシエイディ]

【どうもありがとう】

「ありがとう」と言う場合、Thankであれば、感謝する相手のyouをつけます。一方、appreciateの場合は、人ではなく、感謝の対象となる「行為」を後ろにつける必要があります。I appreciate.だけではダメ。下の例文のようにit（手伝ってくれること）が必要。

Let me help.
手伝うよ。

I appreciate it.
どうもありがとう。

単語
appreciate 動 よさがわかる、ありがたく思う

I'm here!
［アイムヒア］

TRACK4

【来たよ。】

映画『ターミネーター』のセリフで有名な I'll be back.（戻ってくるぜ）のように、英語では自分が移動することを be 動詞＋場所（副詞）で示すことが多いです。ここでは be 動詞（いる）＋ here（ここに）で、「やって来た」を表しています。

サクサク使える 使い方

I'm here!
来たよ。

What happened? You're late!
何があったの？おそいよ。

単語
- here 副 ここに
- happen 動 起こる
- late 形 遅れて

I don't get it...
[アイドンゲディ]

【ぜんぜんわからない…】

ここで使っているgetは万能単語です。getは「〜を自分のものにする」という意味があり、かなり広い意味に応用されます。ここでは「理解する」という意味で使っていますね。ほかにも「得をする」「獲得する」「つかみ取る」など幅広く使われます。

サクサク使える 使い方

It's new that's why it's old!
それが古いからそれは新しい。

単語
- that's why 〜だから

I don't get it.
ぜんぜんわからない…

You'll have to excuse me.

[ユールハフトゥエクスキューズミィ]

TRACK6

【ちょっとごめんよ】

excuse meを直訳すると「私を許して（大目に見て）」という意味です。これはForgive me（どうか許して）より軽い意味で使えるため、「ちょっと失礼！」といった状況で活躍します。You'll have toも入れて直訳すると「あなたは私を許さなくてはならないでしょう」→「ちょっと失礼します」という丁寧な言い方になるのです。

サクサク使える 使い方

You'll have to excuse me.
ちょっとごめんよ。

What are you...
何よ･･･

単語
excuse 動 許す

7

TRACK7

Let's go home!
[レッツゴーホウム]

【一緒に帰ろう！】

Let'sはLet usが省略された形です。us（私たち）と複数のため、相手がいるときに「一緒に〜しよう」とLet'sを使って呼びかけます。

サクサク使える **使い方**

Are you finished?
終わった？

Yes. Let's go home together.
うん、一緒に帰ろう！

単語
finish 動 終える
home 副 家に
together 副 いっしょに

That tickles!

［ダッ**ティ**コウズ］

TRACK8

【くすぐったい】

---

tickle は「くすぐる」「笑わせる」という動詞です。That tickles! で「むずむずする」「くすぐったい」の意味。だれかをくすぐるときに言う「こちょこちょ…」は Tickle, tickle, tickle…と言います。ちなみに「鼻がむずむず」は My nose tickles. です。

サクサク使える 使い方

That tickles! Stop it!
くすぐったい。やめてよ。

You're cute.
君はかわいいねー。

単語
- tickle 動 くすぐる
- cute 形 かわいい

TRACK9

I'm hungry.
[アイムハングリィ]

【おなかへった】

---

hungryは「おなかがすく」という意味の形容詞ですね。動詞じゃないので、be動詞＋hungry（形容詞）の形です。ハングリー精神という言葉があるように、hungryには「渇望して、〜にあこがれて」という意味もあります。

サクサク使える 使い方

Did your stomach just growl?
いまおなか鳴った？

I'm hungry.
おなかへった。

単語
- stomach 名　おなか、胃
- growl 動　うなる
- hungry 形　おなかのへった

We're staring at it.

[ウィアス**テ**ーリンアディッ]

【じーッと見てます】

---

stareという単語を覚えましょう。「じっと見る」「凝視する」「じろじろ見る」という意味です。下の例文はstareを使った異なる英文ですが、目をくぎづけにするくらい見るニュアンスをチェックしてください。

サクサク使える 使い方

Stare at these dots and you will soon see a picture.
このドットを見てください。すると何かの絵に見えてくるでしょう。

I see it! I see it!
見えた！見えた！

単語
- stare 動 じっと見る
- dot 名 点
- see 動 見る、見える
- picture 名 絵

TRACK11

Sweet!
🔊 [スウィートゥ]

【いーじゃん】

「甘い」という意味の sweet ですが、会話表現では「いーじゃん」とか「かわいらしいね」という意味でよく使います。Hi, Sweetie.（やあ、かわいい子）というふうに、自分の子どもに声をかける両親も多いです。

I get ¥4,000 an hour doing this.
これで 1 時間 4000 円もらえるの。

Sweet!
いーじゃん！

単語
sweet 形　甘い、すてきな

Whisper.
[ウィスパー]

TRACK12

【ひそひそ話す】

---

whisperは「ささやく」「耳打ちする」という意味の動詞です。ひそひそ何を話しているかはわかりませんが、そういう状況のことをwhisperingと呼びます。

サクサク使える 使い方

I can't hear the teacher. Stop whispering!
先生の声が聞こえない。ひそひそ話はやめて！

Oh, sorry.
おっと、ごめん。

単語
- hear 動 聞こえる、聞く
- whisper 動 ひそひそ話をする

13
TRACK13

I can't breathe.
[アイキャントゥブリーズ]

【くるしい】

---

breatheの意味は「息をする」。I can'tで息ができないことを表し、つまり、息ができなくて「苦しい」と言っています。

サクサク使える 使い方

Why is your girlfriend with that man?
どうして君のガールフレンドがあの男といるんだ？

I can't breathe.
くるしい。

単語
- girlfriend 名 ガールフレンド
- breathe 動 息をする

It's about this small.

[イッツァバウディーススモール]

これくらい

---

aboutは「〜について」という前置詞の側面と、「およそ」「だいたい」という意味の程度を表す副詞の側面があります。

サクサク使える 使い方

Is it big?
大きい?

It's about this small.
これくらいだよ。

単語
- big 形 大きい
- small 形 小さい

15
TRACK15

It's about this big.
[イッツァバウディースビィッ]

大きい場合は big を使いましょう。this を「ディース」と伸ばして、大きなジェスチャーで伝えましょう。

サクサク使える 使い方

How big is the poster?
ポスターはどのくらいの大きさ？

It's about this big.
こーんくらい。

単語
poster 名 ポスター

Here you are.

[ヒアユーアー]

【どうぞ】

Here you are. は、「ここにあります＝はい、どうぞ」の意味で、人に物を手渡すときに言う決まり文句です。短くHere.や、Here it is.と言うことも可能です。これに対し、Here we are.は、「はい、(目的地に) 着きました」という意味にもなります。

使い方

> **Here you are.**
> どうぞ。

> Thank you.
> どうも。

単語
thank 動 感謝する

That sums it up!
[ダッ**サムズィダ**ップ]

【そんなとこ!!】

長い説明をしたけど、相手がかいつまんでまとめたてくれたとき、このフレーズを使います。「要約するとそんなところです」という意味ですね。sum は「足す」という意味で、sum up になると「~を要約する、かいつまんで言う」となります。

サクサク使える 使い方

You mean you want to go abroad.
つまり君は海外に行きたいんだね。

That sums it up!
そんなとこ!!

単語
- mean 動 意味する
- abroad 副 国外へ
- sum 動 要約する

I'm half wet...
[アイムハーフウェッ]

【半分ぬれてます…】

「半分」は half です。あいあい傘をすると、よくあるシーンですね。1つの傘を一緒に使うと言う場合は share という動詞が使えます。下の例文でチェックしましょう。

使い方

Sharing is nice.
傘をシェアするのっていいね。

I'm half wet...
半分ぬれてます…

単語
share 動　分け合う
half 副　半分

19
TRACK19

Just a moment.
[ジャスタ**モウ**メン]

「ちょっと待ってね」など人を待たせるときに使う表現です。just をとって、One moment. と言うときもあります。moment は「わずかな時間」「一瞬」という意味です。second（秒）を使って、Just a second.（1秒だけ＝ちょっと待って）もよく使います。

サクサク使える 使い方

Can you help?
手伝ってくれる？

Just a moment.
少々おまちを。

単語
moment 名 一瞬

What to watch…
[ワットゥウォッチ]

【何を見ようかなー】

「何を〜すればよいのか」と言うとき、what to 〜を使います。what to say（何と言ったら）、what to do（何をすれば）など。「どうすれば」と言うときは、how to です。例 how to get there（どうやってたどり着くか）

使い方

What to watch…
何を見ようかなー。

You're watching a movie?
映画を見るの?

単語
watch 動 見る

21
TRACK21

It's a new day!
🔊 [イッツァニューデイ]

【夜が明けた！】

ここでは新しい日が始まる、というニュアンスを出して、It's a new day! と しています。The sun rises.(日が昇る)、It's dawn.(夜明け)という 表現も覚えておきましょう。

サクサク使える 使い方

> **It's a new day!**
> 夜が明けた！

> Yes, it is.
> そうだね。

単語
day 名 日

It's starting to snow!

[イッツスターティントゥスノウ]

【雪が降ってきた！】

TRACK22

天気の表し方の基本は、It's です。It's raining.（雨が降ってきた）、It's a sunny day.（いい天気だ）など、いろいろ使えます。

サクサク使える 使い方

It's starting to snow!
雪が降ってきた！

Let's make a snowman.
雪だるまを作ろう。

単語
- snow 動　雪が降る
- snowman 名　雪だるま

23
TRACK23

Make me.
[メイクミィ]

【おりゃ】

種を飛ばして、からかっている最中ですね。いたずらして相手に「やめてよ！」と言われたとき、「できるものならやりかえしてみろ」という意味で、Make me.（私を倒してみ）と言い返します。

サクサク使える 使い方

Hey! Stop it.
ヘイ！やめてよ。

Make me.
おりゃ。

単語
- stop 動 やめる、止める
- make 動 ～させる

I'm stuffed.

[アイムスタフトゥ]

【おなかいっぱい】

満腹感を表す表現です。I'm full now!（もうおなかいっぱい！）、I'm stuffed.（おなかパンパン）、I can't eat anymore.（もう食べられない）など覚えておくとよいでしょう。

サクサク使える 使い方

You ate everything?
ぜんぶ食べたの？

Yes. I'm stuffed.
うん、おなかいっぱい。

単語

everything 代 なにもかも

stuff 動 詰めこむ

TRACK24

I can't get out.

[アイキャントゥゲ**ダウッ**]

【出られない…】

get out of 〜で「〜から出る」と言うことができます。こいのぼりは日本独特の文化ですね。外国人が「あれなに？」と聞いてきたら、carp-shaped flag（こいのぼり）が言えるといいですね。プロ野球の広島カープも carp（鯉）から名称がつけられています。

サクサク使える 使い方

I love Children's Day!
子どもの日って大好き！

I can't get out of this carp-shaped flag.
こいのぼりから出れなくなった・・・

単語
- Children's Day　子どもの日
- carp 名　鯉(こい)
- shape 動　形づくる
- flag 名　旗(はた)

The temperature is just right.
🔊 [ダテンパチャイズジャスライッ]

TRACK 26

【ちょうどいい湯加減です】

just right は「ぴったり」「頃合いの」という意味です。temperature は「温度」のことで、「体温」にもこの単語を使います。 例 Now I will take your temperature.(さああなたの体温を測りましょう)

サクサク使える 使い方

It's not too hot and not too cold.
熱くもなく、冷たくもない。

The temperature is just right.
ちょうどいい温度だね。

単語
- temperature 名 気温、温度
- just 副 ちょうど、まさしく

27
TRACK27

Umm, let's see…
🔊 [アーム、レッツスィー]

えーと
えーと

ど忘れして、次の言葉が出ないとき、とりあえずこれが口からもれます。

サクサク使える 使い方

What was her name?
彼女の名前は何だっけ？

Umm, let's see…
えーと、えーと・・・

単語
name 名　名前

I want to go there but I can't.

🔊 [アイウォントゥ **ゴウ**ゼア、バライ **キャン**トゥ]

【そっちに行きたいけど、行けない…】

せっかく誘われたのに、事情があってどうしても行けないことはよくあります。そんなとき、行きたいという気持ちを I want to ~ で示し、でも but I can't. と言います。

使い方

Don't keep me waiting.
待たせないで。

I want to go there but I can't.
そっちに行きたいけど、行けないんだよ〜。

単語
keep 動　ずっと〜の状態にする
wait 動　待つ
there 副　そちらへ

29
TRACK29

Any difference?
[エニィディファレンス]

【へった？】

体重に変化（ちがい）はありましたか？と尋ねているフレーズですが、意訳すると「へった？」くらいがぴったりのニュアンスです。

サクサク使える 使い方

> Any difference?
> へった？

> I think this scale is broken.
> この体重計、こわれてると思うんだ。

単語
- difference 名 ちがい
- scale 名 体重計
- broken 形 こわれた

I need to look good.
[アイニーットゥルッグッ]

【おしゃれに決めてくよ】

look good で「よく見せる」という意味です。よく見せる必要がある→おしゃれに決めるぜ、と言いたいときに使えるフレーズです。

サクサク使える 使い方

I need to look good.
おしゃれに決めてくぜっ。

Where are you going?
どこ行くの？

単語
- need 動 必要がある
- look 動 〜に見える

31
TRACK31

What to write...
[ワットゥライッ]

【なんて書こうかなー】

What to で「なんと〜すればいい」という意味です。writeだけで「手紙を書く」という意味もあります。

サクサク使える 使い方

What to write...
何て書こうかなー。

Write about me!
僕のこと書いてよ！

単語
- write 動 書く
- about 前 〜について

You've grown.
[ユーヴグロウン]

【大きくなったねー】

You've grown. は文を解剖すると have + grow（成長する）の過去分詞形が入っていますね。この have は継続している感じを出すために使われていて、だんだんと今も継続して成長していることを表しています。

サクサク使える 使い方

Wow, you've grown!
大きくなったねー。

I'm seven years old now.
ぼく 7 才になったんだよ。

単語
grow 動 成長する

33
TRACK33

I feel good.
[アイフィーウグッ]

【今日は気分がいいな〜】

天気がよかったり、何か楽しいことが待っていたりする日、こんなフレーズで会話ができるようになると楽しいものです。feel betterというフレーズをよく耳にすることがあると思いますが、こちらはgoodの比較形betterなので、前よりもよくなったというニュアンスを出します。カゼが治ってきたときなど。

サクサク使える 使い方

It's a lovely day.
素敵な日。

I feel good.
今日は気分がいいな〜。

単語
lovely 形 美しい
feel 動 感じる

Don't leave me.

[ドンリーヴミィ]

【おいてかないでー】

leave は「立ち去る」「残す」という意味があり、小さな子がパパやママにおいていかれそうなときによく聞く言葉です。また、恋人の別れ際にもよく聞きますね。

使い方

Don't leave me.
おいてかないでー。

I'm only going to the convenience store.
コンビニに行くだけだってば。

単語
- leave 動 立ち去る、残す
- only 副 ただ〜だけ

35

Five more minutes.

[ファイブモアミニッツ]

チッチッチッチッ

【あと5分…】

残り時間があとどれくらいかを言うときの表現です。5分残っているというニュアンスを出すために more（もうちょっとある）としています。

サクサク使える 使い方

How much time is left?
あとどれくらい時間が残ってる？

You have five more minutes.
あと5分…

単語
left 動 leave（残る）の過去分詞形
minute 名 分

It's been too long.
🔊 [イッツビーントゥーローング]

【久しぶりー】

しばらく会っていなかった友と再会したときに使うフレーズです。It's been（時間がたった）too long（ずっと長いこと）と読み解けば、わかりやすいですね。

サクサク使える 使い方

I missed you.
会いたかったよ。

It's been too long.
久しぶりー。

単語
- miss 動 （〜がいないので）さみしく思う
- too 副 〜すぎる
- long 形 長い

37
TRACK37

Dance till you drop!
[ダンスティウユードゥロップ]

【ノリノリで踊ろう!】

ノリノリという表現がなかなか口から出てこないと思いますが、ここでは「倒れるまで」till you drop で表しています。

サクサク使える 使い方

Dance till you drop!
ノリノリで踊ろう!

It's past my bed time.
ネンネの時間がすぎてるー。

単語
dance 動 おどる
drop 動 倒れる
past 前 (時間を)すぎて

Mix it well.

🔊 [ミキスィッウェル]

TRACK38

【よくかき混ぜてね】

クッキング英語でよく使うフレーズです。mixには「混ぜる」という意味があり、ボウルで何かをかき混ぜるときにぜひ言ってみてください。

サクサク使える 使い方

> Mix it well before you cook it.
> 火を通す前に、よくかき混ぜてね。

> Like this?
> こんな感じ？

単語
- mix [動] 混ぜる
- well [副] よく、十分に
- like [前] 〜らしく

Does your phone work now?

[ダズユアフォウン**ワーク**ナウ]

どう?

【ケータイ直った?】

コンピューターやアプリや掃除機など機械が機能するという意味を英語で言う場合、work が使われます。

サクサク使える 使い方

Does your phone work now?
ケータイ直った?

Yes, the sound is back.
はい、音が戻ってきた。

単語
- work 動 機能する、はたらく
- sound 名 音
- back 副 戻って

Well, here goes!
[ウェル、ヒアゴウズ]

【いっちょやるか!】

気合を入れて何かをやろうとするとき、Well, here goes! とこんなふうに言います。

使い方

- Well, here goes!
  いっちょやるか!

- Thank you for helping.
  手伝ってくれてありがとう。

単語
- well 間 さて、ところで、あのう

41
TRACK41

What have we here?
[ワダヴウィヒア]

【なにこれ？】

それが何かわからないものを手にしたときに、「なんだろう」とつぶやく表現です。うさぎが見ているのは、点数のついたテスト用紙かもしれませんね。「ありゃま～」と驚くなら Oh, my gosh! です。

サクサク使える 使い方

What have we here?
なにこれ？

Oh, my gosh!
ありゃま～。

単語
gosh 副 おや！まあ！うへーっ！

Worth every penny!
[ワースエヴリィペニィ]

【奮発したけど大満足！】

pennyはアメリカ・カナダの1セント銅貨(どうか)のことで、worth every pennyで「それだけの価値がある」という意味になります。

使い方

These items were worth every penny!
これらはそれだけの価値があるね！

How much were they?
いくらだったの？

単語
worth 形　〜に値(あたい)する
penny 名　1セント銅貨

43
TRACK43

Yippee!
[イェッピー]

ワーイ　ワーイ

とてもうれしいことや知らせがあったとき、Yippee!「わーい」と喜びを表し、自然と笑顔になれる素敵な表現なのです。

サクサク使える 使い方

There's no school today.
今日は学校がないぞ。

Yippee!
ワーイ！

単語
There's no 〜　〜がない
yippee 間　きゃあ！
　　　　　わぁい！

Is anybody here?

[イズ **エ** ニバディ ヒア]

【だれかいませんかー？】

コン、コン（Knock, knock…）とノックして、ドアの向こうに話しかけるときのフレーズがこれです。

サクサク使える 使い方

Is anybody here?
だれかいませんかー？

Who is it?
どなたですか？

単語
- anybody 代　だれか
- who 代　だれが

** 45 **
TRACK45

I need a massage.
[アイニーダマッサージ]

コキ

【肩こった】

ネイティブスピーカーは肩がこったとき、具体的に shoulder と言わず、
I need a massage. というのが普通です。

サクサク使える 使い方

I need a massage.
肩こった。

Come here.
こっちにいらっしゃい。

単語
massage 名 マッサージ

I can't, sorry.

[アイキャントゥ、ソーリィ]

ムリー

【できません】

きっぱり断るときの表現です。断りますが、相手も悲しみますので、軽くsorryをそえます。Sorry I can't. の順でもOKです。

サクサク使える 使い方

Can you lend me your iPhone for a week?
1週間iPhoneを貸して？

I can't, sorry.
できません。

単語
- lend 動 貸す

47
TRACK47

Oh, come on!
[オーカモーン]

【なんでやねん！】

「そんなはずない！」というニュアンスのツッコミは Oh, come on!（なんでやねん！）がぴったりです。

サクサク使える 使い方

A railway hospital is a hospital for trains, right?
鉄道病院って電車の病院やんな〜。

Oh, come on!
なんでやねん！

単語
railway hospital
　鉄道病院

They broke.
🔊 [ゼイブロウク]

TRACK48

【割ってしまった…】

皿を主語にすると、たった2語で表現できます。英語は I や We がいつも主語である必要はありません。モノが主語に来たほうが、シンプルに伝わることも多いのです。

サクサク使える 使い方

Oops. They broke.
あちゃ。割ってしまった。

Usagi, those were expensive!
うさぎ！それ高かったんだよ！

単語
- broke 動 break（こわれる）の過去形
- expensive 形 高価な

COFFEE BREAK

I forgot to save

うさぎ

〜入力中〜

カタカタカタカタ…

いつになく真剣だね

これを終わらせて、早くデートに行くんだ

じゃあ、急がなきゃね

うん、特急でがんばる

がんばれ、がんばれ、まだ？

うん…超特急でがんばる

がんばれ、がんばれ。
デート、まにあう？

もっと早く、もっと…
完了！　あっ…

ど、どうした？

保存するの…忘れた

早い（速い）の仲間

- 速度が速い **fast** [ファスト]
- 行動がすばやい **quick** [クイック]
- すぐに **immediately** [イミディエイテリィ]
- 時期が早い **early** [アーリィ]
- 変化が急激 **rapid** [ラピッドゥ]

---

fast 速度が「速い」
例) He's a fast talker.（彼は早口だ）

early 一定の期間の中で時間・時期が「早い」
例) Early in the morning（朝早く）

quick 行動や動作が素早い
例) Come quick!（早く来て！）

rapid 変化の速度が「急激である」
例) His heartbeat became rapid.（彼の鼓動が急に激しくなった）

immediately すぐに、ただちに
例) Can you start immediately?（すぐにはじめられる？）

Chapter 2
キモチと態度

自分の気持ちを伝え、相手に自分の言うことを理解してもらうこと。それがコミュニケーションの基本です。ここでは心に思っていることをうまく英語にして伝えるための表現を集めました。

How crazy!

[ハウクレイズィ]

【ばかじゃないの!】

「なんて〜でしょう」という感嘆詞の How をここでは使っています。「なんてばかなんでしょう!」→「ばかじゃないの!」という口語表現です。

サクサク使える 使い方

> How crazy!
> ばかじゃないの!

> Do you think so?
> そう思う?

単語
- crazy 形 気が狂った
- think 動 思う

Don't be angry.
[ドンビィアングリィ]

【怒らないで】

---

angryは動詞として覚えている人が多いので、ご注意ください。これは形容詞です。なので、be動詞が必要です。

使い方

I'm never speaking to you again.
もう口きかないからっ。

Don't be angry.
怒らないで。

単語
- speak 動 話す
- again 副 ふたたび
- angry 形 怒って

51

There, there.
[ゼアーゼアー]

【気にするなよ】

子どもをなぐさめたり、なだめたりするときに「まあまあ」「よしよし」といった感じで使います。Don't worry about it.（気にするなよ）と同じ意味です。

サクサク使える 使い方

Why? Why? Why?
なんで？なんで？なんで…

There, there. Everything will be OK.
気にするなよ。よくなるよ。

単語
why 副 なぜ

I was wrong.

[アイワズゥロング]

【わるかったよ】

wrongは「正しくない」「誤った」「間違った」という意味の形容詞です。前にやったことが正しくなかったとき、I was（過去形）で表現しましょう。

使い方

How could you say such a thing?
よくもそんなことが言えたわねー？

I was wrong.
わるかったよ。

単語
- say 動 言う
- such 形 そんな、こんな
- wrong 形 正しくない

53

TRACK53

I know what you mean.

🔊 [アイ**ノ**ウワッチューミーン]

ですよねー

I know（私はわかります） what you mean（あなたが意味することを）という構文になっていますね。他人に対して皮肉や嫌味を言っている相手に同調するときなどによく使われますね。

サクサク使える 使い方

They are too slow.
彼らはゆったりしてるんだ。

I know what you mean.
ですよねー。

単語
- slow 形 ゆっくり
- know 動 知っている
- what 代 〜のこと

You are so right.
[ユアソーウライッ]

TRACK54

【そうなんですよ〜（ごますり）】

You are right. で「あなたは正しい」=「そうだね」という意味になります。ごまをするときなどは、right（正しい）を強調する so が入れて、イラストのピスケのような表情で使います。

サクサク使える 使い方

Young people have no manners!
若者はマナーがなっとらん！

Yes, boss. You are so right.
おっしゃるとおりで、ボス。そうなんです（若者ったら）。

単語
- manner 名 マナー
- boss 名 上司、ボス
- so 副 とても、非常に
- right 形 正しい

55

TRACK55

Whoops!
[ウープス]

【あれっ】

小さな失敗や、うっかり忘れていたとき、また、ちょっとした驚きを表したりするときに、Whoops! を使います。

サクサク使える 使い方

> Whoops! Today is Sunday.
> あれっ！今日は日曜日かあ。

> You forgot again.
> また忘れてたの。

単語
forgot 動 forget(忘れる)の過去形

Heavenly.

[ヘヴンリィ]

【いい気持ち】

Heaven(天国)＋ly(名詞につけて形容詞を表す接尾語)で、天国にいるみたいな心地じゃ、という気持ちを表現できます。形容詞は気持ちや物事の程度(高低・強弱など)を表すという役割をにないます。

サクサク使える 使い方

This is heavenly.
いい気持ち。

Hot springs are fantastic!
温泉は最高やね。

単語
- heavenly 形　すばらしい
- hot spring　温泉
- fantastic 形　最高だ

Way to go!

[**ウェイトゥゴー**]

【ヨッシャ！】

スポーツでよいプレーをした選手に対するかけ声としてよく使われていて、最近はスポーツに限らず、「やったね」「やるねー」と努力して目標を達成したことに対する褒め言葉（励まし）にも使います。

使い方

Our team is leading now.
僕たちのチームが今トップだ。

Way to go!
ヨッシャ！

単語
- team 名 チーム
- lead 動 ひきいる
- way 名 道

I'm feeling lazy.
[アイムフィーリンレイズィ]

【なんにもしたくなーい】

feel lazy で「かったるい」という意味で、だらーっとしている今進行中の状況を ing を使って表現します。

使い方

I'm feeling lazy today.
なんにもしたくなーい。

Me, too.
僕も。

単語
lazy 形 なまける

59

TRACK59

You're in a good mood.

🔊 ［ユアイナグッドムードゥ］

【ご機嫌だね】

気分がいいと、自然に体を動かしたくなるもの。そんな人を見かけたら、微笑んで、このフレーズを言ってあげましょう。ちなみに bad mood は「ご機嫌ななめ」です。

サクサク使える 使い方

- One, two... One, two...
  いっちに、いっちに・・・

- You're in a good mood.
  ご機嫌だね。

単語
mood 名 気分

I want the real thing.
[アイウォダリアルスィン]

TRACK60

【本物がほしい】

砂のケーキを作りながら、欲望をおさえきれない二人ですが(笑)、「本物」と言いたいときは、real thing という語で表します。

サクサク使える 使い方

It's a cake!
ケーキだ！

I want the real thing.
本物がほしい。

単語
cake 名 ケーキ
real 形 本当の

61

TRACK61

I'm feeling dejected.
[アイムフィーリンディジェクテッドゥ]

【シュン…】

dejectは「落胆させる」という意味があります。ここではfeel dejectedで気落ちして、シュンとしています。

サクサク使える 使い方

I'm feeling dejected.
シュン…

Cheer up! It was just a mistake.
元気だして！ただのミスだったんだから。

単語
- deject 動 落胆させる
- cheer 動 元気づく
- mistake 名 ミス

62
TRACK62

Awesome.
[オウサム]

【素晴らしい】

前作『ゆるっとカンタン英会話』(P.90) にも、That's awesome.（素晴らしいです）という表現が出てきました。意味は同じです。1 語でシンプルに Awesome. と言っても OK です。awe は「畏敬の念を起こさせる力」という意味があり、素晴らしいことをした人をあがめるイメージです。

サクサク使える 使い方

How was my speech?
私のスピーチどうだった？

Awesome.
素晴らしかった。

単語
speech 名 スピーチ、演説

63
TRACK63

I'm so excited.
[アイムソーウエキサイティッ]

そわそわ

【そわそわしています】

exciteは「ワクワクドキドキ、興奮させる」という意味です。It's so exciting. と言っても OK です。何が違うのか？それは excite が他動詞だからです。他人がそういう状態になることを示し、自分が、ではありません。そのため、自分（I）を主語にする場合は、受動態の ed にします。

サクサク使える 使い方

I'm so excited.
そわそわしています。

Calm down!
リラックスしなさい。

単語
excite 動 興奮させる
calm 動 （気持ちを）落ち着かせる

Hardy-har-har! Too bad.

🔊 [ハーディーハーハートゥーバッ]

TRACK64

【ざんねんでしたー】

Hardy-har-har! は皮肉をこめた「笑い」のことです。笑いながら、Hardy-har-har! と口に出しても言います。Too bad. は非常にざんねんな感情を伝えます。

サクサク使える 使い方

That's the wrong answer.
答えを間違った。

Hardy-har-har! Too bad.
ざんねんでしたー。

単語
- answer 名 答え
- bad 形 気の毒な、不都合（ふつごう）な

65
TRACK65

That's hilarious!
[ザッツヒラーリアス]

【おもしろーい！】

「それは超面白い」「爆笑ものだ」と言いたいときに使えるフレーズです。hilariousは「とても面白い」「人を陽気にさせる」「大笑いさせる」という意味があり、普通の面白い（funny）よりもずっと面白いときに使います。

サクサク使える 使い方

Look at Pisuke in this photo.
このピスケの写真みて。

That's hilarious!
おもしろーい。

単語
photo 名 写真
hilarious 形 とても楽しい

Yippee! You did it!
[イエッピー！ユーディディッ]

【やったね！おめでとう！】

はしゃいで喜びたいときは、Yippee!。60ページでもでてきましたね。You did it! は Congratulations! でも OK です。

サクサク使える 使い方

- I won.
  勝ったぞ！
- Yippee! You did it!
  やったね！おめでとう！

単語
- yippee 間 きゃあ！わあい！
- did 動 do の過去形

67

TRACK67

Good luck!

[グッラック]

【がんばれー】

good luck は、うまくいくように願うことが始まる前、たとえば試験の前、試合の前などに相手を応援するときに使います。

サクサク使える 使い方

I have an important test tomorrow.
明日は大切な試験があるんだ。

Good luck!
がんばれー。

単語

important 形 重要な
luck 名 幸運

You're my better half.

[ユアマイベターハーフ]

【だーい好き！】

my better half とは、パートナーを表す表現です。my other half と言う場合もあります。でも my better half の方がパートナーがいることで自分がより良い人になれていることを意味し、より敬意を示しています。

サクサク使える 使い方

I'm happy I met you.
君と出会えてしあわせだよ。

Me too. You're my better half.
私も。だーい好き！

単語
- met 動 meet（会う）の過去形
- better 形 いっそうよい
- half 名 連れ合い

69

Oh, my.
[オーマイ]

いいアイデアを思いついて、内心自分に驚いているときに、思わず口にするひとことです。

使い方

Oh, my. That's awesome.
わあ・・・これはいける。

Oh, what is it?
なに、なに？

単語
awesome 形 すばらしい

My goodness.
[マイグッネス]

かわいそう、と同情するときのひとことです。下の例文では「同情する」feel for も登場しますので、覚えておきましょう。

使い方

My goodness. I feel for her.
うわぁ・・・。彼女に同情します。

Yes, it must be tough.
うん、つらいだろうな。

単語
goodness 名 god（神）の婉曲語として驚きを表す
tough 形 つらい、しぶとい

Darn it.

[ダーニッ]

【ちぇっ】

いじけるときのひとことです。darn は「〜をのろう」という意味がありますが、使ってはいけない悪い言葉とされる damn の代わりに使います。

サクサク使える 使い方

Darn it. He didn't contact me.
ちぇっ。彼ったら連絡くれなかった。

Maybe he was busy.
たぶん忙しかったんだよ。

単語
darn 動 のろう、ののしる
busy 形 忙しい

Well, that… uh…

🔊 [**ウェ**ル、ザッ、アー]

TRACK72

ろうばいして、次の言葉が出ないとき、こんな苦しまぎれの声がもれます。下の例文では、にんじんを勝手に食べたうさぎがろうばいしているシーンです。

サクサク使える 使い方

Where is the carrot?
にんじんはどこ？

Well, that... uh...
そ、それは・・・

単語
carrot 名　にんじん

73

TRACK73

I guess… I'll somehow… manage.

[アイゲス、アイル サムハウ、マネッジ]

きっと…

【きっと、できると思います…】

自信がないけど、やるだけやってみると言うときって意外と多いものです。そんなときは manage（なんとかやってみる）が活躍します。

サクサク使える 使い方

Usagi, I need the report on my desk tomorrow morning.
うさぎちゃん、明日の朝に報告書が必要なの。

I guess… I'll somehow… manage.
きっと、できると思います…

単語
- report 名 報告書
- guess 動 推測する

I was impressed!
[アイワズインプレストゥ]

ぶわっっっ

【感激しました！】

I'm touched!（じーんと感動した）を『ゆるっとカンタン英会話』（P.25）でも紹介しましたが、想像以上にびっくり感動したときは I was impressed! で表します。

サクサク使える 使い方

His perfomance was wonderful.
彼の演技、すごくよかったね。

I was impressed!
感激しました！

単語
performance 名 演技
wonderful 形 すばらしい
impress 動 印象づける

75

TRACK75

It should… be… fine.

🔊 ［イッシュッ、ビィ、ファイン］

たぶん…

大丈夫です、と言いながら、実はウソ。まったく自信がないとき、こんなあいまいなフレーズが口から出てきます。

サクサク使える 使い方

> Will you make your last train?
> 終電に間に合う？

> It should… be… fine.
> たぶん・・・

単語

last train　最終電車
fine 形　満足のいく、
　　　　元気な

This is perfect.
[ディスイズパーフェクトゥ]

【しめしめ】

思いどおりに悪巧みが進行しているとき、悪い顔でこう言います。映画にも頻繁に出てくるフレーズなので、ぜひ知っておきましょう。下の例文の Muahahaha. は悪の笑いと呼ばれ、フィクションに登場する悪役につきものの昂揚した笑い方です。

サクサク使える 使い方

> Muahahaha. This is perfect.
> しめしめ。

> What are you up to?
> 何をたくらんでいるの？

単語
perfect 形 完璧な
be up to 〜 〜をたくらんでいる

77
TRACK77

Holy cow!
[ホーリィカウ]

【びっくりした!】

Holy cow をそのまま訳すと「聖なる牛」という意味になりますが、これで「なんてこった!」のように驚きを表すことができます。日常英会話でよく使われます。

サクサク使える 使い方

Holy cow! Where did you come from?
びっくりした!どこから出てきたの?

Sorry to surprise you.
驚かせてごめん。

単語
- holy 形 神聖な
- cow 名 牛
- surprise 動 驚かす

Ha ha! You're funny.

[ハッハッ、ユア ファニィ]

【アハハ、君、おもしろーい!】

funnyは「面白い」という意味ですが、「おかしい」「こっけいな」というニュアンスが強い単語です。下の例文ではたとえばタオルやラーメンの皿を頭にのせた格好(かっこう)を指して、「この帽子、どう?」と聞いているシーンです。

使い方

Do you like my hat?
この帽子、どう?

Hat? Ha ha! You're funny.
帽子? アハハ、君、おもしろーい!

単語
- hat 名 帽子
- funny 形 おもしい

79

TRACK79

No, that's not it.
🔊 [ノー、ザッツナディッ]

【わかってないなー】

相手が自分の行動の意味を分かってくれなくて、「それじゃないってば!」「そうじゃないって!」と言うときのフレーズです。反対に、「その通りです」と言う場合はThat's it. です。

サクサク使える 使い方

You have plenty of money to buy anything.
君は何でも買えるくらいお金を持ってるじゃないか。

No, that's not it. Money can't buy love.
わかってないなー。愛はお金じゃ買えないんだ。

単語
plenty 名 多量

No way, but thanks.
🔊 [ノーウェイ、バッサンクス]

TRACK80

【てれる〜】

No way は「いやだよ」「やめてよ」という意味です。うしろに but thanks.をつけているから、謙遜しながらも、感謝の気持ちを伝えることができます。照れて、はにかんだときによく使う表現です。

サクサク使える 使い方

You are the smartest person in our class.
君はクラスで一番頭がいい。

No way, but thanks.
てれる〜、でもありがと。

単語
- smart 形 頭がいい
- person 名 人
- class 名 クラス、教室

COFFEE BREAK

Show the way

うさぎ

ROLLING ROLLING ROLLING

どうしたの？
そんなに転がって

恥ずかしいんですー

なにが恥ずかしいの？

外国人のイケメンに道を聞かれたんですけど、英語が出てこなくて

なんて言おうとしたの？

あっち

それなら Over there. だね。あとは方角を指差せばいいだけ

でも彼ったら、じっと私の顔を見つめてくるんだもん

恥ずかしかったのはそっちなの…。道案内の英語、まとめておくね

道案内の仲間

このまま行く
go down
[ゴーダウン]

反対側へ行く
cross
[クロス]

左に曲がる
turn left
[ターンレフト]

通り過ぎる
go past
[ゴーパスト]

右に曲がる
turn right
[ターンライト]

Go down this street.
　　この道をそのまま行ってください。
Go past a supermarket.
　　スーパーマーケットを通り過ぎてください。
Cross the street.
　　反対側へ渡ってください。
Turn right at the traffic light.
　　信号を右へ曲がってください。
Turn left at that corner.
　　あの角を左へ曲がってください。

Chapter 3
はげしい感情

カーッと気持ちが高ぶったり、ガクンと気持ちが落ち込んだり、日常生活にもはげしい感情の起伏があります。そんなときこそ、コミュニケーションが大切。英語でどのように言えばいいのか、学んでおきましょう。

81
TRACK81

I'm in love!
🔊 [アイミンラヴ]

【ほれた！】

loveの前にinという前置詞があります。inは「〜の中に」という意味で、恋という渦の中に入り込んでしまったというニュアンスがでます。恋する相手を示す場合は、I'm in love with Serena.（私はセリーナに恋をしている）のようにwith＋人をつけます。

サクサク使える 使い方

I'm in love.
ほれた！

I can see that.
そのようだね。

単語
love 名 愛

Eek!

[イークッ]

発音は「イークッ」です。ショックや驚いたとき、怖かったときに口にする言葉です。日本語への訳され方としては、「キョエー」のほか、「うわ！」「うへ！」「オェ〜！」などがあります。

使い方

Look, a snake!!
見て、ヘビだよ。

Eek!
キョエー！

単語
snake 名　ヘビ

83

TRACK83

Oh, no no no no!
🔊 [オーノノノノー]

【やばいやばいやばい】

こっそり何かをやろうとしていて、バレたとき、焦りますね。そんなとき、ネイティブはこの表現が口をついて出てきます。no をたくさん重ねることで、驚きや、あせりの強さを示しています。ピスケ、かなりやばそうですね。

サクサク使える 使い方

Hi, Pisuke. What are you doing here?
やあ、ピスケ。ここで何してるの?

Oh, no no no no!
やばいやばいやばい。

単語
here 副 ここで

He will pay for this.
[ヒィウペイフォーディス]

【あいつめ！】

pay（払う）というと、お金の支払いをイメージしますが、実はそれだけではありません。「罪を償う」「罰を受ける」という意味もあります。ここでは「彼はこの借りを返すことになるだろう」というニュアンスで、短く「あのやろう！」という表現がピッタリ合います。

使い方

He was holding hands with your girlfriend.
彼、君の彼女と手をつないでたよ。

He will pay for this.
あいつめ！

単語
hold 動　つなぐ、つかむ
pay 動　払う

85

TRACK85

My, my! What to do?

🔊 [マイ、マイ、ワットゥドゥ]

【おろおろ】

おもしろい表現ですが、なんだかわかりにくい文章ですよね。冒頭の My, my は「私の」がつっかえた感じ。うろたえているんですね。そして What to do は「すべきこと」という意味。「私の」＋「すべきこと」＋？で、うろたえたり、焦ったりして、何をしたらいいかわからない・・・というニュアンスを表現しています。

使い方

You forgot the tickets?
チケット忘れたの？

My my! What to do?
おろおろ、どうしよう…

単語
ticket 名 チケット

# It's love!

🔊 [イッツラヴ]

【恋、しちゃいました!】

なんだか胸がうずくこの感じは恋にちがいない、みたいに気がついたとき、It's love!（これは恋だ!）と言います。

サクサク使える 使い方

Your heart aches?
胸が痛むの?

It's love!
恋、しちゃいました!

単語
heart 名　心臓、胸(むね)
ache 動　痛む

87

TRACK87

Ouch!

[アウチ]

【痛っ！】

「痛い」と言うときは Ouch です。発音はアウチ。ちなみに「かゆい」は itchy。発音はイッチーです。

使い方

Ouch! I didn't see the window.
痛っ！窓に気づかなかった。

Are you all right?
君、大丈夫？

単語
window 名 窓
be all right 大丈夫

Yikes!

[ヤイクス]

ショックを受けたときや、驚いたとき、怖かったときにでる言葉です。

サクサク使える 使い方

Yikes! What was that?
ひぃっ。何だったの？

I don't know.
わからない。

単語
know 動 わかる

89

TRACK89

I want this now!
[アイ**ウォ**ンディスナウ]

【これ買ってー！】

欲しい物があって、駄々をこねるときの定番表現です。せがまれた方は Not today.（今日はだめ）と言って逃げ、明日、すっかり忘れてくれることを願うまでです。

使い方

> Not today, Pisuke.
> ピスケ、今日はだめ〜。

> I want this now!
> これ買ってー！

単語
- today 名 今日
- want 動 欲する
- now 副 今

Adding insult to injury.

🔊 [アディンインサルトゥインジュリィ]

【ふんだりけったり!】

直訳すると、「怪我に屈辱を加える」です。つまり何かよくないことが起きたあと、また別のよくないことが重なる場合に使います。

サクサク使える 使い方

There's a parking ticket on your car.
駐車違反のキップが貼られてるぞ。

Adding insult to injury, the tire is flat, too.
タイヤまでパンクするなんて、ふんだりけったり!

単語

parking ticket　駐車違反のキップ
add 動　足す
insult 名　侮辱
injury 名　けが

91

TRACK91

This sucks.

[ディスサックス]

【くやしぃ…!】

これはスラングですが、英会話の中ではとてもよく使われるフレーズです。社交的な場では同じ意味で This stinks. が無難です。

使い方

- He didn't play fair.
  彼はフェアじゃなかった。

- This sucks.
  くやしぃ…!

単語
fair 副 公平に
suck 動 むかつく

Where are your manners?

[ウェアラーユア**マ**ナーズ]

【こらっ、行儀がわるいよっ！】

いらなくなったモノをぽいっと道端に捨てたり、みんなが真剣に話している席でガムをくちゃくちゃかんだりするのは、見ていて行儀がわるいです。そんなときはハッキリと伝えてあげましょう。

サクサク使える 使い方

Come on. Where are your manners?
ちょっと、行儀悪いわね。

Sorry.
ごめんなさい。

単語

manner 名　行儀、作法

93

TRACK93

My stomach hurts from laughing so hard!

🔊 [マイスタマックハーツフロムラフィングソーハードゥ]

【笑いすぎておなか痛い】

笑いすぎて、おなかが痛くなるときは、このフレーズです。My stomach hurts だけだと、本当に病気でおなかをこわしたと思われますので、from laughing so hard をつけます。

サクサク使える 使い方

Ha ha ha! That's a good one.
アッハッハッハ！それ、面白い。

My stomach hurts from laughing so hard!
笑いすぎておなか痛いよう。

単語
stomach 名 おなか、胃
hurt 動 痛める

Over my dead body.
🔊 [オーヴァーマイデッドバディ]

【ゆるすまじ…】

Over my dead body. とは「自分の目の黒いうちは絶対に ～ させない」という意味があり、「許さない」という思いを強く伝えています。

使い方

I will marry him.
彼と結婚するわ。

Over my dead body. He is not good for you.
ゆるすまじ…。彼は君とは合わない。

単語
marry 動 結婚する
dead 形 死んでいる

95
TRACK95

It's over.
[イッツ**オウ**ヴァー]

【終わった…】

絶望的な気持ちになったとき、「終わった…」と言葉が脳裏に浮かびますよね。そんなときに使える英語が It's over. です。カタカナ英語のゲームオーバーをイメージするとニュアンスがわかりやすいですね。

サクサク使える 使い方

I lost the documents. It's over.
資料を失くしてしまった。終わりだ…

WHAT?
なんだって？

単語
document 名 資料
over 副 終わって

That was close.

[ザッワズクロース]

【あぶないところだった】

命からがら逃げのびた感じのシーンで使うフレーズです。closeには「閉める」のほか「親密な」「接近して」という意味があります。たとえば車を運転していて、交差点から人や自転車が飛び出してきたときなど、That was close!で「あぶなかった〜！」と表現できます。

サクサク使える 使い方

That was close.
あぶないところだった。

You were lucky.
きみは運がよかった。

単語
close 形　接近した
lucky 形　幸運な

97

TRACK97

Who's there?

[フーズゼア]

【そこにいるのはだれだ！！】

誰もいないと思っていたところに、誰かの気配を感じ、とっさに口から出てくるフレーズです。there（そこ）を使います。

サクサク使える 使い方

> Who's there?
> そこにいるのはだれだ！！

> Don't worry. It's me, Usagi.
> 心配しないで。私よ、うさぎ。

単語
worry 動 心配する

Next time I'm not losing.

🔊 [ネクスタイム、アイナットルージン]

【次はぜったいまけない…!!】

試合や試験にのぞんだけれど、いつもうまくいくとは限りません。また次にチャンスがあるなら、I'm not と否定形を使って、こんなふうに気持ちを奮い立たせたいものです。

サクサク使える 使い方

> You played well.
> 君はよくやったよ。

> Next time I'm not losing.
> 次はぜったいまけない…!!

単語
- play 動 （競技を）おこなう
- lose 動 失う、負ける

Are you serious?
[アーユースィリアス]

【うっそー!!】

何かを見たり聞いたりして、心底びっくりしたときのフレーズです。本気で言ってるの?というニュアンスです。同じ意味で You can't be serious! とも言います。

サクサク使える 使い方

I came here by bicycle.
自転車でここまで来たんだ。

Are you serious?
うそだぁーっ!

単語
- bicycle 名 自転車
- serious 形 本気の

Enough is enough.
[イナッフイズイナッフ]

【も～おこった!!】

怒ったふりして小さな不満を表したいときの表現です。Enough は「十分な」という意味ですが、怒ったところに使う場合、「もう聞きたくない」「もう顔を見たくない」という意味合いで Enough (十分だ) と叫びます。

サクサク使える 使い方

Enough is enough.
も～おこった!!

Don't overreact!
過剰に反応しないで！

単語
- enough 形 十分な
- overreact 動 過剰に反応する

COFFEE BREAK

Text me

うさぎ

何してるの？

ピスケに連絡するところです

送るのは手紙？それともEメールのほう？

いえ、携帯電話から SMS を打ってるんです

それだったら text ね

text ?

携帯メールを書くことを text というの

じゃあ、パソコンの E メールは？

email よ。スッキリまとめておきますね

病気の仲間

- 携帯端末でメールする
  text
  [テキスト]

- パソコンでメールする
  email
  [イーメール]

- 手紙を送る
  letter
  [レター]

---

text 携帯端末でメールする
例) I'll text you.（携帯でメールするよ）

email パソコンでメールする
例) Email me.（メールしてね）

letter 手紙を送る
例) Did you get the letter I sent you?（私が送った手紙届いた？）

Chapter4
ホッとひといき

日常生活では張り詰めていた気をときにはゆるめて休むことも大切です。そんなときに使える表現をご紹介します。

101
TRACK101

What a relief.
[ワダリリーフ]

【ふ〜、よかった】

reliefで「安心」を表します。What aは「なんて〜かしら」という感嘆詞で、感情を相手に伝えることができます。

サクサク使える 使い方

The bags arrived!
カバンが届いた！！

What a relief.
ふ〜、よかった。

単語
- arrive 動 届く
- relief 名 安堵

You're an angel.
[ユアアネンジェウ]

【いい子だねー】

angel は「天使」です。文字どおり天使のように可愛い、いい子と言いたいときに使います。音声を聞いて、an angel の発音に注意しましょう。

サクサク使える 使い方

> You're an angel.
> いい子だねー。

> I love you!
> 好き〜。

単語
- angel 名 天使

TRACK102

103
TRACK103

Thank you, God.
[センキューガッドゥ]

【神様ありがとー】

事態がいい方向に収まったことに対し、「やれやれ、よかった。ありがたいことだ」という意味合いで、神に感謝します。

サクサク使える 使い方

I am not sick anymore.
病気から快復しました。

Thank you, God.
神様ありがとー。

単語
sick 形 病気の
anymore 副 もはや〜でない

It was just one of those days.

[イッワズ**ジャス**ワナ**ゾウ**ズデイズ]

そんな日もありますよ

気に入らないことが起こったとき、相手をなぐさめるフレーズです。人生の中で何度かある嫌な日の1つにすぎない、忘れなよ、と伝えています。

使い方

Humph!
ふんっ!

It was just one of those days.
そんな日もありますよ。

単語
one of ～　～のうち1つ

105
TRACK105

Cheers!
🔊 [チアーズ]

【かんぱーい！】

乾杯の音頭です。グラスやジョッキを合わせましょう。飲み物が入った容器の底を持ち上げるという動作から、Bottoms up!（乾杯）も同じように使えます。

サクサク使える 使い方

The project is finished.
プロジェクトが完了しました。

Cheers!
かんぱーい！

単語
- project 名 プロジェクト、計画
- finish 動 終わらせる

Crunch, crunch.
🔊 [クランチクランチ]

106
TRACK106

ボリボリ

---

crunchは「バリバリかむ」「かみ砕(くだ)く」という意味があり、お菓子をぼりぼり食べるときにも使います。

サクサク使える 使い方

What are you doing?
何してるの？

I'm eating a cookie. Crunch, crunch.
クッキー食べてる。ボリ、ボリ。

単語
- eat [動] 食べる
- cookie [名] クッキー
- crunch [動] バリバリかむ

107

TRACK107

Best wishes!

[ベスト**ウィ**シェズ]

【おしあわせにー！】

Best wishes は手紙やメールの結びの言葉としても使われますね。
Best wishes, Lisa のように。相手に最高の (Best) 望み (wishes) が叶いますように、と念じています。

サクサク使える 使い方

Thank you for coming to our wedding.
結婚式に来てくれてありがとう。

Best wishes!
おしあわせにー！

単語
wedding 名 結婚式
wish 名 願い

It's a deal!
[イッツァディオ]

ウィン　ウィーーン

【決まりだね！】

商談はもちろん、友達どうしの約束事でも「これで決まり」「これでオーケー」「取引成立」と言うとき、It's a deal! を使います。deal には「売買する」という意味があります。

サクサク使える 使い方

It looks good on you. Besides, the price is reasonable.
似合ってるし、値段も妥当だよ。

It's a deal!
決まりだね！

単語
- besides 副　その上
- price 名　値段
- reasonable 形　てごろな

COFFEE BREAK

☕ Yummy

うさぎ

おっ、おいしそうだね

いただきます！

どう、おいしい？

もぐもぐ…

> なにか感想いってー

…

> ねえ、ったらー

…もぐ…

> 口がないの？

まいうー…いや、デ、デリシャ、ス？

> …。「おいしい」の英語が浮かばなかったのね…まとめておきましょう

おいしいの仲間

good [グッド] — おいしい

yummy [ヤミー] — おいしい（子供がつかう）

fantastic [ファンタアスティック] — 感動的においしい

tasty [テイスティ] — 味わいがある

delicious [デリシャス] — すごくおいしい

This chocolate cake is good!
　　　このチョコケーキおいしい！
The soup is tasty!
　　　スープがうまい！
They have some delicious desserts on the menu.
　　　あの店はすごくおいしいデザートがあるのよ。

Chapter5
ちょっとトラブル

最後に、何かトラブルに巻き込まれたときや、緊急時に使える英語表現もチェックしておきましょう。ここでの基本フレーズを押さえておけば、いろいろなシーンで応用できるでしょう。

109
TRACK109

What?
🔊 [ウワッ]

【へ?】

とってもシンプルな表現ですね。発音だけ注意しましょう。ウワッ。カタカナでの表現には限界がありますので、ぜひ音声でもチェックしてくださいね。

サクサク使える 使い方

It must be MACS0647-JD.
それは MACS0647-JD に違いない。

What?
へ?

単語
must be 〜　〜にちがいない

You're making me wince.

🔊 [ユアメイキンミィ**ウィンス**]

お・おぉ…

【たじろぐ】

---

wince は「たじろぐ」「ひるむ」という意味の動詞です。make ～ wince で「たじろぐ」を作り出す（make）という構文になり、「君は僕をたじろがせてるじゃないか」→「たじろぐじゃないか」という意味で使っています。

サクサク使える 使い方

How about bungee jumping again?
2回目のバンジージャンプはどう？

You're making me wince.
たじろぐ。

単語
bungee jump　バンジージャンプ
wince 動　たじろぐ

111

TRACK111

A tremor?

[アトゥレマ〜]

【もしや、ゆれてる？】

「小さな地震、ゆれ」という意味のほか、恐怖・病気・神経質などによる震え、身震い、声の震えのことも指します。地震＝earthquake、も覚えておきましょう。

サクサク使える 使い方

A tremor?
もしや、ゆれてる？

I think so.
そうだね。

単語

tremor 名 小さな地震、ゆれ

Get out of here!
🔊 [ゲダウダヒア]

ピャッ

【逃げろ！】

走って逃げる場合などの「逃げろ！」は Run!（走れ！）でも OK ですが、この場から立ち去るという意味で Get out of here! もよく使われます。

サクサク使える 使い方

- Oops.
  わぁ。
- Get out of here!
  逃げろ！

単語
get out of 〜　〜から出て行く

113

TRACK113

I'm fainting.
🔊 [アイムフェインティン]

【ちょっと気分が…（ふらふらする）】

気を失いそう、と伝えるとき、faint が使えます。この単語には「かすかな、ほのかな」という形容詞の意味と、「気が遠くなる、めまいがする」という動詞の意味があります。

サクサク使える 使い方

- We're moving to San Francisco.
  僕らサンフランシスコに引っ越すんだよ。

- What? I'm fainting.
  なんだって？ちょっと気分が…

単語
- move 動 引っ越す
- faint 動 気を失う

Oh, my gosh...
[オーマイガッシュ]

なんということでしょう...

落胆しているときに、口からもれるひとことです。

使い方

They didn't arrive.
彼らは到着していませんでした。

Oh, my gosh...
なんということでしょう…

単語
- arrive 動 届く

115

What? I don't get it!
[ウワッ、アイドンゲディ]

パニックになっているとき、よくこう言います。下の例文では、だれでも入館できると思ってやって来た場所なのに、受付で会員カードを見せてと言われ、あわてている様子です。

サクサク使える 使い方

What? I don't get it!
えっ？えっえっえ？

You need the card.
カードが必要なんです。

単語
- get 動 得る
- need 動 〜を必要とする

Freeze!

[フリーズ]

【動くな!】

道に迷い、危険な場所に足を踏み入れてしまったときは注意しましょう。
Freezeは「凍る」という意味。つまりFreeze!は凍ったように「動くな!」という意味で使われています。

使い方

Freeze! Do you know where you are?
動くな!自分がどこにいるのかわかっているのか?

No, I'm lost.
いいえ、迷ったんです。

単語
freeze 動 凍る
be lost 迷う

117

TRACK117

I'm desperate.
[アイムデスペレイトゥ]

【もう…ダメだ】

絶望的に落胆するとき、desperateというキーワードが出てきます。desperateには「自暴自棄」「やけになる」という意味があり、ガックリきて「ダメだ」と言いたいときに使います。

サクサク使える 使い方

I'm desperate. Can you help me?
もう…ダメだ。助けて。

Tell me your story.
何があったの。

単語
desperate 形 絶望的な
tell 動 話す
story 名 ストーリー、事情

What do I do next?
[ワドゥアイドゥネクストゥ]

【この先どうするか…】

不安や緊張を前にため息をつくときってありますよね？そんなとき「自分（私）はどうしようかな」とため息と一緒に言葉を吐き出します。それを聞いた人は Things will work out.（なんとかなるさ）と励ませるといいですね。

使い方

What do I do next?
この先どうするか・・・

Things will work out.
なんとかなるさ。

単語
work out　しだいによくなる

119

My head hurts.
[マイヘッドハーツ]

【頭が痛いです】

head は「頭部」のことです。brain になると、その中の「脳」を表します。My ～ hurts. の構文を覚えておけば、～に stomach（おなか）、leg（足）など応用がききます。

サクサク使える 使い方

My head hurts.
頭が痛いです。

I'm worried about you.
心配ですね。

単語
- head 名 頭部
- hurt 動 痛む

I'm so embarrassed!

[アイムソウエンバラッストゥ]

【めちゃくちゃ恥ずかしい…】

いわゆる「顔を赤らめるような恥ずかしさ」はこの embarrassed を使います。shame という語を思い浮かべる方もいるかもしれませんが、こちらは「面目をつぶす」という意味合いが強いです。

サクサク使える 使い方

You tripped and fell in front of everyone.
君、人前で転んでたね。

I'm so embarrassed!
すごく恥ずかしかったわ。

単語
- trip 動 つまずく
- fell 動 fall（倒れる）の過去形
- embarrass 動 恥ずかしい思いをさせる

COFFEE BREAK

🍵 Happy Birthday

うさぎ

そわそわ

あら、そわそわしちゃって、どうしたの？

待ってるんです。プレゼントがくるのを

そうなんだ。楽しみだね

いや、そんな焦らさないでください

> なんのこと？

> え？　今日、私の…誕生日…

> …。

> まさか…

> Congratulations!

> …。

> おいしいもの、食べに行こっか！おごるから

> 忘れてたでしょ！

お祝いの仲間

おめでとう
Congratulations
[コングラッチュレイションズ]

おめでとう（カジュアル）
Congrats
[コングラッツ]

祝〜
Happy 〜
[ハッピー]

Congratulations on your wedding!（結婚おめでとう）
Congratulations on having a baby!（出産おめでとう）
Congrats!（おめでとう）
※カジュアルな場面では Congratulations を略すことも多い

Happy 10th anniversary!（10周年記念、おめでとうございます！）

完

● 著者紹介
イラスト：カナヘイ　Kanahei
イラストレーター・漫画家。愛媛県出身。
自作待受画像の配信から全国の女子中高生の間でブームとなり、2003年に現役女子高校生イラストレーターとして「Seventeen」(集英社)にてプロデビュー。以後、雑誌イラスト、モバイルコンテンツ、キャラクターデザイン、企業広告、グッズ展開、「りぼん」(集英社)での漫画連載など、幅広く活動。全世界配信アプリの「CocoPPa」では200万人を超えるフォロワーに壁紙イラストを提供中。
2014年、2015年とLINE Creators Stamp AWARDにて準グランプリを2年連続受賞。
http://www.kanahei.com

文：リサ・ヴォート　Lisa Vogt
アメリカ・ワシントン州生まれ。メリーランド州立大学で日本研究準学士、経営学学士を、テンプル大学大学院にてTESOL（英語教育学）修士を修める。専門は英語教育、応用言語学。2007年から2010年までNHKラジオ「英語ものしり倶楽部」講師を務める。現在、明治大学特任教授、青山学院大学非常勤講師として教鞭を執りながら、異文化コミュニケーターとして新聞・雑誌のエッセイ執筆など幅広く活躍。一方、写真家として世界6大陸50カ国を旅する。最北地は北極圏でのシロクマ撮影でBBC賞受賞。最南地は南極大陸でのペンギン撮影。
著書『カナヘイの小動物ゆるっとカンタン英会話』『どんどん英語が聞き取れる！リスニンガールの耳ルール30』『魔法のリスニング』『魔法の英語 耳づくり』(Jリサーチ出版) ほか多数。

イラスト	カナヘイ
企画	MC Planning, Inc.
カバーデザイン	秋田綾
本文デザイン／DTP	Remi-Q
	コスモグラフィック
CDナレーション	Hannah Grace
	Helen Morrison
	藤田みずき

カナヘイの小動物
ゆるっと♡まいにち
英会話

平成28年（2016年）6月10日　初版第1刷発行

著者	カナヘイ／リサ・ヴォート
発行人	福田富与
発行所	有限会社Jリサーチ出版
	〒166-0002　東京都杉並区高円寺北2-29-14-705
	電話　03(6808)8801(代)　FAX 03(5364)5310
	編集部　03(6808)8806
	http://www.jresearch.co.jp
印刷所	株式会社 シナノ パブリッシング プレス

ISBN978-4-86392-295-2
禁無断転載。なお、乱丁・落丁はお取り替えいたします。
© 2016 Kanahei / TXCOM, Lisa Vogt / MC Planning, Inc. All rights reserved.

カナヘイの家
http://www.kanahei.com/
LINE@で最新情報を配信してます！ぜひ友達登録してね➡
※LINEアプリまたはブラウザアプリで接続してください